# UNE : PRIÈRE : DE SAINT : FULBERT A : NOTRE-DAME

CHARTRES, LIBRAIRIE RENIER
SEIZE, RUE DU CHEVAL-BLANC
MCMXXVIII

# UNE PRIÈRE DE SAINT FULBERT A NOTRE-DAME

IMPRIMATVR

CARNOTI · DIE · XXIII · DECEMBRIS · MCMXXVIII

RADVLPHVS · EPISCOPVS · CARNOTENSIS

# UNE : PRIÈRE : DE SAINT : FULBERT A : NOTRE-DAME

CHARTRES, LIBRAIRIE RENIER
SEIZE, RUE DU CHEVAL-BLANC
MCMXXVIII

# PLANCHES

# UNE PRIÈRE DE SAINT FULBERT A NOTRE-DAME

FULBERT de Chartres a laissé un grand nom dans l'histoire. Les neuf siècles écoulés depuis sa mort (1028) n'ont pu abolir le souvenir de celui que ses contemporains appelaient « le plus saint et le plus savant des hommes[1] » et considéraient comme « une lumière donnée par Dieu au monde[2] ». L'Église elle-même a sanctionné de son autorité la vénération dont la mémoire de Fulbert était entourée, en permettant de lui rendre un culte public dans les diocèses de Poitiers (1855) et de Chartres (1861).

Il est permis de penser, cependant, que la postérité n'a pas rempli tous ses devoirs envers le saint évêque. Ses écrits auraient mérité de nous parvenir dans un état d'intégrité et de correction parfaites; tel n'a pas été leur sort. Un commentaire d'un passage des Actes des apôtres, un ouvrage de controverse, quelques sermons plus ou moins complets, quelques courts poèmes didactiques, quelques opuscules liturgiques, c'est à peu près tout ce qui nous reste, avec un important recueil de lettres, des œuvres de Fulbert, dont, pourtant, l'activité intellectuelle et littéraire a dû produire bien davantage. Ajoutons que tout cela ne se trouve, en dehors des manuscrits, que dans des éditions très défectueuses. Les sermons et les opuscules ont particulièrement souffert : mélangés de pièces apocryphes ou d'une authenticité douteuse, ils présentent, de plus, dans tous les imprimés, de telles incorrections que l'on y rencontre des passages absolument inintelligibles. Aussi ne faut-il pas s'étonner que Fulbert soit, aujourd'hui, plus loué que lu, et que l'on se contente parfois de l'admirer de confiance !

1. Dédicace du *Liber Miraculorum Sanctae Fidis*, de Bernard d'Angers.
2. Nécrologe de Notre-Dame de Chartres.

Dans ces conditions, c'est, croyons-nous, s'acquitter d'un devoir envers la mémoire du grand évêque que d'arracher à l'oubli la moindre parcelle de ses écrits. Voilà pourquoi nous n'avons pas hésité à publier la « Prière du vénérable Fulbert, évêque de Chartres, à sainte Marie, mère du Seigneur », opuscule déjà signalé[1], mais encore inédit, dont un manuscrit du XII^e^ siècle, probablement unique, nous a transmis le texte[2].

LE MANUSCRIT DE BOULOGNE-SUR-MER

Ce manuscrit, provenant d'Arras, appartient aujourd'hui à la bibliothèque de Boulogne-sur-Mer, où il est catalogué sous le numéro 83. C'est un volume d'assez petit format (environ 196 millimètres sur 128), comprenant cent soixante-seize feuillets, revêtu d'une reliure du XVIII^e^ siècle, et portant au dos, depuis ce temps, en guise de titre, le mot *vocabularium*. Évidemment, le relieur n'a rien compris au contenu du volume qu'il avait entre les mains ! Il faut avouer qu'on est assez embarrassé lorsqu'on cherche à donner au manuscrit un titre bref et précis. Celui qu'une main du XIII^e^ siècle a écrit sur le recto, resté blanc, du premier feuillet, *Collectarius beate Marie Atrebatensis*, ne correspond qu'à une partie de son contenu. Avec raison, M. l'abbé Leroquais l'a analysé dans son grand ouvrage sur *Les Sacramentaires et les Missels manuscrits des bibliothèques de France*, car on y trouve, entre autres pièces liturgiques, le canon suivi de quelques prières de l'*ordo missae*, et plusieurs messes votives; mais comme on y rencontre aussi beaucoup d'autres choses, les titres de *Sacramentaire* ou de *Missel* ne sauraient aucunement lui convenir. Il est nécessaire, pour donner un aperçu de son contenu, de le décrire au moins sommairement.

Le texte commence au verso du premier feuillet. Les quatre premiers cahiers (fol. 1-30), d'une même écriture et d'une réglure à peu près uniforme, renferment un recueil de matières assez

1. D'abord dans le catalogue imprimé des manuscrits de la bibliothèque de Boulogne-sur-Mer (*Catalogue général des manuscrits des bibliothèques publiques des départements*, in-4°, IV, Paris, 1872, p. 624); puis dans l'ouvrage de M. l'abbé Leroquais sur *Les Sacramentaires et Missels manuscrits des bibliothèques de France* (I, Paris, 1924, p. 274).

2. M. l'abbé Leroquais ne l'indique pas dans son ouvrage sur *Les Livres d'Heures manuscrits de la Bibliothèque nationale*. Nous l'avons vainement cherché dans plusieurs manuscrits où nous avions quelque espoir de le trouver, par exemple dans un *Liber salutatorius* (Bibliothèque nationale, nouv. acq. lat. 186) qui renferme de nombreux extraits de Fulbert.

variées : extraits des œuvres de différents Pères ou auteurs ecclésiastiques, martyrologe, plusieurs messes (fête de la Division des apôtres; vigile, jour et octave de la Pentecôte). C'est dans cette partie (fol. 7) que se trouve la prière de saint Fulbert, suivie des trois répons du même auteur pour la fête de la Nativité de la sainte Vierge *(Item versus predicti domni Fulberti episcopi)* et du court poème commençant par les mots *Angele consilii (Item idem episcopus pro pastorali timore ad magni consilii angelum).* Viennent ensuite, sans nom d'auteur, l'hymne *Maria mater Domini*[1] *(Oratio sive Ymnus iubilatorum in laude beatae Mariae semper virginis dominae nostrae)*, et une prière, sans titre, commençant par les mots *O intemerata.* Les pièces qui suivent portent des noms d'auteurs.

On lit au folio 31 : *Incipit ordo libri sacramentorum de circulo anni.....*; mais ce titre n'est suivi que du canon de la messe, accompagné de pièces appartenant à l'ordinaire, et d'une série de messes votives, dont une, celle de la Trinité, est partiellement notée en neumes. La suite du manuscrit comprend surtout des pièces liturgiques, trop nombreuses pour que nous puissions les énumérer ici; nous nous bornerons à mentionner la bénédiction des fonts, l'*ordo ad visitandum infirmum*, l'office et la messe des défunts, l'ordre de la sépulture, diverses bénédictions, et des messes en l'honneur de la sainte Vierge. On y rencontre aussi des citations d'auteurs ecclésiastiques ou de conciles, et une lettre de Gualon, évêque de Paris, à Lambert, évêque d'Arras, sur divers sujets concernant la liturgie[2].

Le contenu du manuscrit est donc assez hétérogène. Son aspect même est anormal : l'écriture et la réglure n'y sont pas uniformes. Ne serait-ce pas un recueil factice formé par la juxtaposition d'éléments arbitrairement réunis ? Non, sans aucun doute, car le texte se poursuit sans interruption[3] au travers des cahiers. Il n'y a de solution de continuité qu'entre les quatre premiers (fol. 1-30) et ceux qui suivent; mais diverses raisons qu'il serait

---

1. Ulysse Chevalier (*Repertorium hymnologicum*, n° 11108) attribue cette hymne au IXe siècle, ou même à une époque plus ancienne. Mais comme elle n'a été jusqu'ici signalée dans aucun manuscrit antérieur à la fin du Xe siècle, (Cf. J. Mearns, *Early Latin Hymnaries*, p. 53), et qu'elle présente des analogies assez frappantes, surtout dans l'agencement des rimes, avec l'hymne *Chorus novae Hierusalem*, qui est de Fulbert, nous pensons qu'elle pourrait, sans invraisemblance, lui être attribuée.

2. Migne, *P. L.* CLXII, col. 694-695.

3. Il y a bien une lacune apparente entre les cahiers dixième et onzième (fol. 73-74), mais l'interruption du texte résulte, croyons-nous, d'un *repentir* au cours de l'exécution du manuscrit.

trop long d'exposer ici portent à croire que les deux parties ainsi délimitées ont été réunies dès l'origine. En tout cas, elles l'étaient dès le XIII^e siècle, comme le prouve le titre écrit sur la première page. Nous pensons que le caractère un peu spécial du manuscrit s'explique fort bien si l'on admet qu'il a été rédigé, non pour une église, mais pour un particulier, qui a voulu y faire figurer, sans plan bien établi d'avance, différents textes qui l'intéressaient. Peut-être même le premier propriétaire du recueil en a-t-il été le copiste.

## ORIGINE ET DATE DU MANUSCRIT

Différents détails permettent de fixer le lieu d'origine du manuscrit et d'en déterminer l'époque avec une assez grande précision. Nous avons déjà vu que, dès le XIII^e siècle, il était à Arras. C'est là, certainement, qu'il a été écrit. Le culte particulier professé pour saint Vaast, mentionné au martyrologe et invoqué, en bonne place, dans les diverses litanies, ne peut guère indiquer qu'Arras ou Cambrai; la fête du « retour » des reliques du même saint de Beauvais à Arras fait pencher la balance en faveur de cette dernière église. Il en est de même de la notice suivante (fol. 21) : « Romae, ordinatur, Lambertus Atrebatensis episcopus, anno Dei Xpisti M. X C.III, per manum dignae memoriae Urbani papae II. » Il est bon de rappeler qu'il ne s'agit pas seulement ici de la consécration d'un évêque, mais du rétablissement du siège épiscopal d'Arras, événement de la plus haute importance pour le clergé de ce diocèse[1]. C'est également à l'évêque Lambert qu'est adressée la lettre de Gualon, que nous avons déjà eu l'occasion de mentionner. Un fait relaté dans les dernières pages du manuscrit (fol. 173) concerne également la région d'Arras : « II Idus Iunii, indictione IIII, anno autem Dei Xpisti M° C ° XI °, R., abbas Aquarum multarum, reddidit abbatiam suam. » Ce nom d'*Aquae multae* ne peut désigner que l'abbaye d'Anchin, qui doit son nom (cœnobium Aquicinctense) aux eaux de la Scarpe dont elle est entourée. On sait justement qu'un abbé d'Anchin, nommé Robert, fut démissionnaire en 1111 ou 1112, en raison des difficultés qu'il avait rencontrées dans son administration[2].

Les particularités que nous venons de relever nous fournissent de précieux indices chronologiques. La notice relative au sacre de Lambert ne peut être antérieure à la mort d'Urbain II (1099),

1. Voir sur ce point MIGNE, *P. L.*, CLXII, col. 627-648.
2. Cf. *Gallia Christiana*, II (1725), col. 410; MABILLON, *Annales Ordinis Sancti Benedicti*, V, p. 580.

dont le nom est accompagné des mots *dignae memoriae*; la lettre de Gualon n'a pu être écrite avant 1104, date de la promotion de ce personnage à l'évêché de Paris; la démission de l'abbé d'Anchin est datée de 1111. C'est donc, vraisemblablement, à une époque peu avancée du XIIe siècle, au premier quart ou au premier tiers, qu'il faut attribuer la rédaction du manuscrit. Ses caractères paléographiques, d'ailleurs, confirment parfaitement ces données; son écriture, dont on peut juger par notre reproduction[1], est encore loin des formes gothiques qui s'accusent de plus en plus au cours de la seconde moitié du siècle[2].

## RELATIONS ENTRE CHARTRES ET ARRAS

Il faudrait n'avoir aucune connaissance de l'histoire littéraire du moyen âge pour s'étonner de trouver un texte originaire de Chartres dans un manuscrit transcrit à Arras. Le fait est d'autant moins surprenant que nous savons positivement qu'il existait, aux XIe et XIIe siècles, des relations, qui paraissent avoir été assez étroites, entre les deux villes. L'évêque d'Arras, Lambert, correspondait avec Ive de Chartres[3], et le ton de leur correspondance indique une amitié et une confiance réciproques[4]. Nous savons aussi qu'un ecclésiastique qui occupait une haute situation dans le clergé d'Arras au cours de la première moitié du XIIe siècle se vantait d'être le disciple de Thierry le Breton, écolâtre de Chartres, ce qui semble bien indiquer qu'il avait étudié aux célèbres écoles chartraines[5]. Il s'agit de Clarembaud, d'abord archidiacre d'Arras, puis prévôt, qui mourut entre 1153 et 1160. Un document permet de préciser l'époque de son séjour à Chartres : dans une lettre adressée par Lambert à saint Ive, lettre antérieure à 1115, date de la mort du destinataire, on lit les mots suivants : « Salutant vos multum domnus Clarembaldus archidiaconus et Rogerus diaconus, sanctitatis vestrae fidelissimi amatores[6]. » Ainsi, dès 1115, Clarembaud était rentré dans sa patrie, où il était devenu archi-

1. Dans nos planches, les dimensions de l'original ont été très légèrement réduites (d'un dixième, à peine).

2. Seules les pièces copiées au fol. 30 v° paraissent d'une main un peu plus récente.

3. MIGNE, *P. L.*, CLXII, col. 650 et 691.

4. Voir, en particulier, la lettre d'Ive de Chartres commençant ainsi : « Si tanta esset nobis convicinitas locorum quanta est animorum... » (MIGNE, *P. L.*, CLXII, col. 45).

5. A. CLERVAL, *Les Écoles de Chartres*, p. 192.

6. MIGNE, *P. L.*, CLXII, col. 692.

diacre; vraisemblablement, le jeune étudiant avait été honoré de la protection et de l'amitié de l'évêque de Chartres. C'est donc sous l'épiscopat de saint Ive (1090-1115), plutôt, probablement, vers la fin, qu'il faut placer son séjour à Chartres.

L'époque du retour de Clarembaud dans sa ville d'Arras ne peut donc être bien éloignée de celle de la composition du manuscrit décrit plus haut. Ce manuscrit n'aurait-il pas été écrit par l'archidiacre d'Arras, ou, tout au moins, pour lui ? L'hypothèse est vraisemblable; elle acquiert même une certaine probabilité de ce fait que le recueil contient un assez grand nombre de textes canoniques, ce qui correspond parfaitement au genre d'études en honneur à Chartres au temps de saint Ive. Quoi qu'il en soit, on ne se trompera guère en attribuant au rayonnement des écoles chartraines la présence de la *Prière* de Fulbert dans notre manuscrit.

## AUTHENTICITÉ DE LA PRIÈRE

Mais sommes-nous vraiment en présence d'une œuvre de notre saint évêque ? Le titre que porte la *Prière* dans le manuscrit où, remarquons-le, elle voisine avec des écrits attribués au même auteur et sûrement authentiques, ne permet guère d'en douter. Celui qui a écrit ce titre, un siècle, tout au plus, après la mort de Fulbert, devait savoir à quoi s'en tenir; nous pouvons lui faire confiance. Nous n'aurions le droit de récuser son témoignage que si la pièce en question présentait quelque particularité suspecte; or, il n'en est rien. Il y a plus : en l'étudiant attentivement, on constate aisément qu'elle convient parfaitement à l'auteur auquel elle est attribuée.

Il est fait allusion, dans la *Prière*, à cinq exemples historiques. Deux d'entre eux — celui de la conversion de Théophile et celui de la protection de la ville de Césarée — étaient connus de Fulbert, qui les a racontés dans un de ses sermons pour la Nativité de la sainte Vierge. Deux autres ont été empruntés par lui à des auteurs dont il avait les œuvres entre les mains, et qu'il a cités : le récit de l'enfant juif sauvé du feu a été écrit par Grégoire de Tours, et celui du miracle en faveur de l'évêque Boniface a été inséré par saint Grégoire le Grand dans ses *Dialogues*. Quant à la *Vie* de sainte Marie Égyptienne, elle était certainement connue en Occident au XI^e^ siècle[1].

S'adressant à la Vierge, l'auteur emploie les termes suivants :

1. Voir plus loin les *Notes* dont nous faisons suivre la traduction du texte latin.

« Sis michi, pia domina, mitis et misericors, et civitati nostrae, sicut fuisti Basylio episcopo, et Caesariensi aecclesiae... » Le parallélisme suppose que ce n'est pas un simple fidèle qui parle ainsi, mais un évêque. C'est la prière d'un évêque pour sa ville, et si le nom de cette ville est sous-entendu, il faut savoir le lire entre les lignes : c'est celui de la ville de Chartres.

Dans la *Prière,* nous retrouvons Fulbert tel que nous le connaissons par ses autres ouvrages : dévôt envers la sainte Vierge, conscient de ses devoirs de pasteur, animé d'une vie intérieure intense, éloquent, mais plus soucieux d'édification que de beau langage. En l'écrivant, il a tracé de lui-même, à son insu, un portrait que nous savons être ressemblant, et où nous avons l'agréable surprise de découvrir des traits qui ne se trouvent que là. La *Prière,* croyons-nous, jette une lumière nouvelle sur le genre d'éloquence de Fulbert. Ces histoires qu'il cite — et, sans nul doute, d'autres encore — le saint évêque a dû les raconter maintes fois à son auditoire lorsque — tel que nous le montre une miniature contemporaine[1] — il prêchait dans sa cathédrale. Nous sommes en droit de croire que, dès le premier quart du XIe siècle, il a pratiqué cette prédication familière, abondamment illustrée d' « exemples », dont les sermons d'Honorius d'Autun, au siècle suivant, sont le type achevé. Par la *Prière* encore, nous savons que Fulbert aimait à faire l'aumône, et que, sans doute sous son propre toit, dans cette maison de bois qui était alors le palais des évêques de Chartres, il se montrait hospitalier envers les pèlerins qui parcouraient alors le monde « pour l'amour du Christ ».

Le texte dont le lecteur trouvera plus loin la reproduction n'est pas seulement un document historique et psychologique; c'est avant tout, comme l'indique le titre qu'il porte, une prière, et une prière particulièrement vénérable, parce qu'elle est l'œuvre d'un saint. Ne mériterait-elle pas d'être remise en honneur ?

Faut-il, parce que l'on y rencontre quelques allusions à des faits légendaires, la considérer comme une pure curiosité ? Ce serait, croyons-nous, pousser jusqu'au sectarisme le respect des droits de la critique historique. Entre la crédulité naïve du moyen âge et l'humeur dénigrante des jansénistes dénicheurs de saints, il y a place pour bien des nuances. On peut sourire de la légende, « mais ce sourire est bienfaisant et sympathique, et il ne gâte point l'émotion religieuse que fait naître le tableau des vertus et des

1. Bibliothèque de Saint-Étienne, n.s. 104. Reproduction dans l'ouvrage de MM. R. Merlet et Clerval, *Un Manuscrit chartrain du XIe siècle.*

actions héroïques des saints[1] »; on peut, Dieu merci, n'accorder à la légende que le crédit qu'elle mérite sans la tourner en ridicule; tout au contraire, il faut lui reconnaître, bien souvent, une haute valeur poétique, ou même un sens profond, qui la rend « plus vraie que l'histoire ». Et s'il s'agit, comme dans le cas présent, d'une prière, peu importe l'exactitude historique des « considérants », si cette prière est capable d'élever les cœurs, si les demandes qu'elle formule répondent aux aspirations éternelles de l'âme humaine. Voilà pourquoi nous croyons que la *Prière*, dans laquelle un de nos saints évêques, un siècle avant saint Bernard[2], a préludé au *Memorare*, mérite, même au point de vue de l'édification, d'être tirée de l'oubli.

Bien loin d'avoir l'idée de l'expurger, nous aurions plutôt la tentation de l'interpoler. Si Fulbert, comme les hommes de son temps, s'est montré accueillant à la légende, la légende, en retour, a fleuri son histoire, car le sol de l'Ombrie n'est pas le seul qui se soit montré propice à l'éclosion de « fioretti ». Aussi, aux versets écrits par le saint évêque nous ajouterions volontiers celui-ci : « Soyez envers nous, ô Notre-Dame, douce et miséricordieuse, comme vous l'avez été envers votre serviteur Fulbert, et, de même qu'autrefois vous l'avez miraculeusement guéri du mal des Ardents, délivrez-nous, par votre intercession, de toutes nos misères. »

Y. DELAPORTE.

1. H. DELEHAYE, S. J., *Les Légendes hagiographiques*, p. 259.

2. Il est douteux que le *Memorare* ait, à proprement parler, saint Bernard pour auteur; il n'en est pas moins vrai que cette prière a bien quelque titre à être attribuée au saint abbé, car elle résume des pensées qui lui étaient certainement familières, et qu'il a exposées dans ses écrits. Cf. VACANDARD, *Vie de saint Bernard*, II, p. 94-95.

## ORATIO DOMNI FVLBERTI KARNOTENSIS EPISCOPI AD SANCTAM MARIAM MATREM DOMINI

PIA uirgo MARIA, caeli regina, mater Domini, mater Redemptoris, mater Conditoris, mater Creatoris, mater luminis, mater misericordiae et pietatis, supplex ad te confugio, misericordiam et graciam a te et per te requiro, ut per te possim pacificari filio tuo.

SANCTA Dei genitrix, perpetua uirgo MARIA, quis umquam in te sperans deceptus est? Prorsus nemo.

DOMINA mea, sis mitis michi et misericors, sicut fuisti illi uicedomino Theophylo, qui Dominum nostrum Ihesum Xpistum negauit, et per te reconciliari meruit.

SIS michi mitis et misericors, sicut fuisti Mariae Aegyptiacae, quae te fideiussorem inter se et Deum statuit, et saluari meruit.

SIS michi mitis et misericors, sicut fuisti puerulo Iudaeo, ut sicut illum liberasti de camino ignis ardentis, ita liberes me ab aestu carnalium desideriorum, intercessionibus et orationibus tuis sacris.

SIS michi, pia domina, mitis et misericors, et ciuitati nostrae, sicut fuisti Basylio episcopo, et Caesariensi aecclesiae, liberando illum a Iuliano aposthata.

SIS michi mitis et misericors, sicut fuisti Bonifacio episcopo, liberando illum a debito.

SANCTA et immaculata, perpetua uirgo MARIA, suscipe nunc preces meae humilitatis, et defer ante conspectum diuinae maiestatis, et reporta michi graciam reconciliationis.

SANCTA et immaculata, perpetua uirgo MARIA, suscipe me in tua fide, et in die iudicii, unico filio tuo Domino nostro Ihesu Xpisto, iudici et aduocato meo, reconsigna.

IMPETRA michi, sancta uirgo MARIA, spacium et locum poenitentiae, ut non sinar in uacuum ducere dies huic mortali uitae concessos.

SANCTA Dei genitrix, perpetua uirgo MARIA, intercede pro me, ut omnipotens Deus aperire dignetur michi uoluntatem suam, qualiter anima mea salua possit fieri.

SANCTA Dei genitrix, perpetua uirgo MARIA, impetra michi compunctionis lacrimas, ut innumerabilia peccata mea incessanter defleam, ut sicut fuit michi dulce peccare, ita michi dulce sit poenitere et lugere, non solum propria, sed et aliena commissa.

SANCTA et immaculata, perpetua uirgo MARIA, intercede pro me apud filium tuum Dominum nostrum Ihesum Xpistum, ut michi hanc graciam concedat, quatinus de elymosinarum largitate possim peccata mea redimere, et ex eius dono merear habere, unde ualeam manum misericordiae porrigere, maxime hospitibus et peregrinis pro Xpisti amore peregrinantibus.

SANCTA et immaculata, perpetua uirgo MARIA, prosit michi intercessio tua, ut omnipotens Deus, rore misericordiae suae, extinguat in me omnem ardorem libidinis, et incendat in me amorem et tenorem perpetuae castitatis.

SANCTA et immaculata, perpetua uirgo MARIA, intercede et ora pro me, ut omnipotens et misericors Deus liberet me a pestifero morbo et dyabolico uicio, uidelicet spiritu elationis et superbiae, et repleat me spiritu humilitatis, ut in omnibus quae ago humanum fauorem non quaeram, nec inanis gloriae cupidus sim, et non studeam humanis oculis placere in aperto, sed diuinis in occulto.

## PRIÈRE DU VÉNÉRABLE FULBERT, ÉVÊQUE DE CHARTRES, A SAINTE MARIE, MÈRE DU SEIGNEUR

PIEUSE vierge Marie, reine du ciel, mère du Seigneur, mère du Rédempteur, mère du Fondateur, mère du Créateur, mère de lumière, mère de miséricorde et de piété, suppliant, je me réfugie auprès de vous; de vous et par vous, je demande miséricorde et grâce, afin que, par vous, je puisse obtenir de votre Fils mon pardon.

Sainte mère de Dieu, Marie, toujours vierge, qui donc, après avoir mis en vous son espérance, a jamais été déçu? Personne; absolument personne.

Soyez envers moi douce et miséricordieuse, ô ma Dame, comme vous l'avez été envers ce vidame Théophile, qui renia Notre-Seigneur Jésus-Christ, et mérita, par vous, son pardon[1].

Soyez envers moi douce et miséricordieuse, comme vous l'avez été envers Marie l'Égyptienne, qui vous constitua son garant auprès de Dieu, et mérita son salut[2].

Soyez envers moi douce et miséricordieuse, comme vous l'avez été envers l'enfant juif, afin que, de même que vous l'avez délivré de la fournaise embrasée[3], vous me délivriez, par vos intercessions et vos prières saintes, de l'ardeur des désirs charnels.

Soyez, ô ma bonne Dame, douce et miséricordieuse

---

1. Voir plus loin, note I.
2. Voir plus loin, note II.
3. Voir plus loin, note III.

envers moi et envers notre cité, comme vous l'avez été envers l'évêque Basile et son église de Césarée, lorsque vous l'avez délivré de Julien l'Apostat[1].

Soyez envers moi douce et miséricordieuse, comme vous l'avez été envers l'évêque Boniface, lorsque vous l'avez délivré de sa dette[2].

Sainte et immaculée, Marie, toujours vierge, recevez à cette heure mes humbles prières, et portez-les en la présence de la majesté divine, et obtenez moi, en retour, la grâce du pardon.

Sainte et immaculée, Marie, toujours vierge, recevez-moi en votre sauvegarde, et, au jour du jugement, remettez-moi à votre fils unique, Notre-Seigneur Jésus-Christ, mon juge et mon avocat.

Obtenez-moi, sainte Vierge Marie, le délai nécessaire à la pénitence, afin que je ne passe pas inutilement, livré à moi-même, les jours octroyés à cette vie mortelle.

Sainte mère de Dieu, Marie, toujours vierge, intercédez pour moi, afin que le Dieu tout-puissant daigne me manifester la manière dont il veut que je fasse mon salut.

Sainte mère de Dieu, Marie, toujours vierge, obtenez-moi les larmes du repentir, afin que, sans cesse, je pleure mes péchés innombrables, et que, s'il m'a été doux de pécher, il me soit doux, désormais, de me repentir et de pleurer mes fautes, et aussi celles d'autrui.

1. Voir plus loin, note IV.
2. Voir plus loin, note V.

Sainte et immaculée, Marie, toujours vierge, intercédez pour moi auprès de votre fils Notre-Seigneur Jésus-Christ, afin qu'il m'accorde la grâce de pouvoir racheter mes péchés par l'abondance de mes aumônes, et qu'il me donne le moyen de pratiquer la miséricorde, particulièrement envers les hôtes et les pèlerins qui voyagent pour l'amour du Christ.

Sainte et immaculée, Marie, toujours vierge, intercédez pour moi, afin que le Dieu tout-puissant, par la rosée de sa miséricorde, éteigne complètement en moi l'ardeur des désirs mauvais, allume en moi l'amour d'une chasteté parfaite, et me donne de la pratiquer.

Sainte et immaculée, Marie, toujours vierge, intercédez et priez pour moi, afin que le Dieu tout-puissant et miséricordieux me délivre de cette maladie pestilentielle et de ce vice diabolique qu'est l'esprit d'orgueil et de superbe, et me remplisse de l'esprit d'humilité, afin qu'en aucune de mes actions je ne recherche la faveur humaine, ou ne sois désireux de la vaine gloire, et que mon unique ambition soit de plaire, non pas aux hommes, qui ne jugent que par les apparences, mais à Dieu, à qui rien n'est caché.

# NOTES

## NOTE I

Il s'agit du vidame Théophile, qui, après avoir, par ambition, vendu son âme au diable, obtint, par l'intercession de Marie, l'annulation du pacte par lequel il s'était lié, et mourut saintement. Cette légende a été traduite par Paul Diacre[1]; Fulbert l'a racontée tout au long dans son célèbre sermon *Approbatae consuetudinis* pour la fête de la Nativité de la sainte Vierge. C'est sans doute au fait de l'insertion du sermon de Fulbert dans la liturgie d'un grand nombre d'églises qu'elle a dû la popularité dont elle a joui au moyen âge[2].

## NOTE II

Fulbert fait ici allusion à un passage de la *Vie* de sainte Marie Égyptienne, document hagiographique composé en grec, mais bien connu en Occident depuis le IXe siècle, grâce à la traduction latine de Paul Diacre[3].

On lit dans ce document le récit que fit de ses désordres et de

1. *Historia interprete Paulo Diacono* (*Acta Sanctorum*, février, I [1658], p. 483-486). Cf. *Bibliotheca hagiographica latina*, n° 8121.

2. Nous avons donné, dans *Les Vitraux de la cathédrale de Chartres*, p. 194 et 195, la traduction du passage du sermon *Approbatae consuetudinis* concernant Théophile, après en avoir vérifié le texte à l'aide des manuscrits liturgiques chartrains. On trouvera, au même endroit de notre ouvrage, l'indication de plusieurs créations artistiques ou littéraires inspirées par la légende de Théophile. Aux œuvres d'art citées, il faut ajouter le psautier d'Ingeburge, au musée Condé de Chantilly.

3. *Vita adscripta Sophronio ep. Hieros., interprete Paulo Diacono.* Ce texte a été publié par Surius (*De probatis Sanctorum Historiis*, II [1571], p. 598-609) Cf. *Bibliotheca hagiographica latina*, n° 5415.

sa conversion l'ancienne courtisane alexandrine, devenue pénitente, au vieillard Zosime, qui l'avait rencontrée dans les solitudes palestiniennes. S'étant rendue à Jérusalem, avec des pèlerins, sans autre dessein que d'y continuer sa vie coupable, elle voulut, mêlée à la foule, entrer dans la basilique où l'on célébrait l'Exaltation de la Croix. Mais elle ne put y réussir : chaque fois qu'elle se présentait à la porte, elle était repoussée par une force divine. S'étant réfugiée dans un coin de l'atrium, elle arrêta ses regards sur une image de Marie. Elle fit alors une prière qui fut pour elle le commencement de la conversion. On y lit ces mots : « Iube, ô Domina, et mihi indignae ob divinae Crucis exaltationem ianuam patefieri, et te ex te genito Christo dignissimam do fideiussorem, quia numquàm ultrà meam carnem coinquinabo per horrida commixtionum ludibria... »

Fulbert a certainement connu ce texte, auquel il a même emprunté le terme juridique *fideiussorem*.

## NOTE III

Le récit du miracle de l'enfant juif préservé du feu par la sainte Vierge se trouve dans les œuvres de Grégoire de Tours[1]. C'est évidemment là que Fulbert l'a lu.

Voici, en quelques mots, le fait rapporté par l'historien.

En Orient — le fait n'est pas localisé avec plus de précision — un petit enfant juif, dont le père était verrier, accompagna un jour à l'église ses camarades chrétiens, et, comme eux, y communia. Rentré chez lui, il raconta la chose à son père. Celui-ci, furieux, chauffa le four qui servait à l'exercice de sa profession, et y enferma l'enfant. Les voisins accoururent aux cris de la mère, ouvrirent le four, éteignirent le feu, et eurent la surprise d'y trouver l'enfant sain et sauf. « Qui donc t'a préservé ? » lui dirent-ils. — « Cette femme, répondit l'enfant, que l'on voit représentée dans l'église des chrétiens, assise sur un trône et tenant un enfant sur ses genoux. Elle a étendu sur moi son manteau et m'a ainsi préservé des flammes. » Le juif fut incontinent mis au four à la place de son enfant; celui-ci fut baptisé avec sa mère et beaucoup d'autres juifs.

1. *Miraculorum Liber I in gloria beatorum Martyrum*, cap. x (*Sancti Georgii Florentii Gregorii episcopi Turonensis Opera omnia... opera et studio D. Th. Ruinart...* Paris, 1699, col. 732-733).

Ce récit a eu beaucoup de succès au moyen âge. On le trouve dans un sermon d'Honorius d'Autun pour la Purification[1]; Vincent de Beauvais en a inséré, dans son *Miroir historial*[2], un résumé où l'on retrouve les expressions de Grégoire de Tours.

Avant lui, Gautier de Coincy, dans ses *Miracles*[3], avait placé le fait à Bourges, opinion qui fut suivie dans la suite par Jacques de Voragine[4] et d'autres auteurs.

Il est à noter qu'un historien grec contemporain de Grégoire de Tours, Évagre le Scolastique, a rapporté le même fait, au chapitre XXXVI du livre IV de son *Histoire ecclésiastique*, d'où il a passé dans les *Annales* de Baronius (552) et dans l'*Histoire ecclésiastique* de Fleury (livre LXXXIII, n° XLI).

Le miracle a été représenté deux fois, au XIIIe siècle, dans les vitraux de la cathédrale du Mans, et aux XIIIe et XIVe siècles dans plusieurs manuscrits du recueil de Gautier de Coincy[5].

## NOTE IV

Ce n'est pas seulement dans sa *Prière* que Fulbert mentionne la protection accordée par Marie à saint Basile de Césarée : on lit dans son sermon *Approbatae consuetudinis*, pour la Nativité, le passage suivant :

« C'est elle [Marie] qui, autrefois, envoya un saint ange au secours de notre père le grand Basile, et ressuscita un mort qui fit disparaître son persécuteur, le malfaisant Julien l'Apostat[6]. »

Fulbert ajoute : « Cette histoire est bien connue. » Comme elle l'est beaucoup moins aujourd'hui qu'au XIe siècle, nous ne croyons pas superflu de la résumer brièvement d'après le document où notre évêque l'a lue, la *Vie* de saint Basile, traduction latine d'un original grec attribué à saint Amphiloque d'Iconium[7],

1. MIGNE, *P. L.*, CLXXII, col. 852.
2. *Speculum historiale*, Lib. XXI, cap. LXXVIII.
3. *Du filz au juif qui à Borges fu délivré du brasier par le miracle Nostre Dame* (*Les Miracles de la sainte Vierge*, édition Poquet, Paris, 1857, col. 281-286.)
4. *Legenda Sanctorum*, CXIV, *De Assumptione beatae Mariae Virginis*.
5. *Les Miracles de la sainte Vierge*, édition Poquet, p. XX-XXII et col. 283-284 (reproduction).
6. Sermon *Approbatae consuetudinis* (MIGNE, *P. L.*, CXLI, col. 323).
7. *Vita auctore Pseudo-Amphilochio*. Ce texte a été édité par Surius (*De probatis Sanctorum Historiis*, I [1570], p. 5-19). Cf. *Bibliotheca hagiographica latina*, nos 1022-1024. On le trouve dans un manuscrit du XIe siècle provenant de Saint-Père de Chartres (Chartres, ms. 27, fol. 72 v°-82).

mais, au jugement de Baillet, « indigne de l'un et de l'autre ».

Tandis qu'il traversait la Cappadoce pour aller faire la guerre aux Perses, l'empereur Julien reçut de saint Basile, évêque de Césarée, le présent de trois pains d'orge. Peu satisfait du cadeau, et irrité contre les habitants, qui avaient détruit la statue, érigée par lui, d'une divinité païenne, Julien, par dérision, offrit en retour à l'évêque une botte de foin. « Nous t'avons donné de notre propre nourriture, répliqua Basile, et toi, tu nous donnes de la pâture de tes bêtes. » En proie à une violente colère, Julien annonça qu'il détruirait la ville à son retour.

Basile conduisit son peuple à un sanctuaire de la Vierge qui s'élevait sur une montagne voisine de la ville. On y campa, pour passer trois jours sanctifiés par la prière et le jeûne. Pendant ce temps, Basile eut une vision. Il vit Marie, assise sur un trône; il l'entendit dire, à un des personnages qui l'entouraient, les paroles suivantes : « Fais venir Mercure, afin que je l'envoie mettre Julien à mort. » Aussitôt, Mercure — un guerrier chrétien, mort martyr, dont le corps était vénéré à Césarée — se présenta à la Vierge, reçut ses ordres, et s'éloigna.

Après cette vision, l'évêque descendit, de grand matin, à la ville, et se rendit au « martyrium » de Mercure. Il constata que les armes du saint guerrier, suspendues d'habitude au-dessus du tombeau, n'étaient plus là. Interrogé, le gardien de l'église affirma les avoir vues à leur place la veille au soir.

Basile alla retrouver son peuple et lui fit part du prodige. On revint à Césarée; on alla visiter le tombeau. Cette fois, les armes avaient repris leur place, mais la lance du saint était ensanglantée. On apprit, quelques jours plus tard, que l'empereur Julien avait été frappé à mort, sur les bords de l'Euphrate, par un guerrier inconnu, qui, aussitôt après l'événement, avait mystérieusement disparu.

Ce récit renferme un anachronisme qui, à lui seul, suffirait à lui enlever toute vraisemblance : quand Basile devint évêque de Césarée, en 370, l'empereur Julien était déjà mort depuis environ sept ans. Au moyen âge, on n'y regardait pas toujours de si près. C'est sans doute à son caractère merveilleux que le légende a dû son succès.

Au XII^e siècle, Honorius d'Autun l'a racontée dans un sermon[1], et Jean de Salisbury dans son *Polycratique*[2]. Gautier de Coincy

1. MIGNE, *P. L.*, CLXXII, col. 843.
2. *Polycraticus*, Lib. LVIII, cap. XXI.

l'a insérée dans son recueil de *Miracles*[1]. Un peu plus tard, on la trouve dans les compilations de Vincent de Beauvais[2] et de Jacques de Voragine[3]; plus tard encore, au XIVe siècle, elle a été mise en scène[4].

Les Grecs ont représenté saint Mercure transperçant Julien de sa lance[5]. L'histoire paraît avoir été illustrée, au XIIIe siècle, dans un vitrail, aujourd'hui très mutilé, de la cathédrale du Mans[6]. Comme œuvres d'art plus récentes dues à la même source d'inspiration, nous ne savons si l'on pourrait citer autre chose que des peintures de manuscrits, telles que celle qui accompagne le texte de Gautier de Coincy dans le manuscrit de Soissons[7].

## NOTE V

Boniface, évêque de Ferento, est le héros de quelques-unes des histoires édifiantes narrées par saint Grégoire le Grand au diacre Pierre. Voici, en résumé, celle à laquelle Fulbert fait allusion[8].

Le saint évêque vivait avec son neveu, un prêtre appelé Constantius. Ce dernier, ayant vendu, pour douze pièces d'or, un cheval qui lui appartenait, avait mis la somme touchée à cette occasion dans un certain coffre fermant à clef, et était parti à ses occupations. Sur ces entrefaites, des pauvres vinrent demander l'aumône à Boniface. Le saint homme, qui ne paraît pas avoir eu une idée bien nette de la propriété, ne trouva rien de mieux à faire, faute d'avoir sous la main ce qu'il fallait, que de fracturer le coffre de son neveu, d'y prendre les douze pièces d'or, et de les distribuer aux pauvres. A son retour, Constantius, trouvant le

1. *Le Miracle de saint Basile* (*Les Miracles de la sainte Vierge*, édition Poquet col. 395-416).
2. *Speculum historiale*, lib. LXIV, cap. XLIII.
3. *Legenda Sanctorum*, XXIX, *De sancto Iuliano* (par similitude de nom !).
4. *Ci commence un miracle de Nostre-Dame, de l'empereur Julien que saint Mercure tua...* (Société des anciens textes français, *Miracles de Notre-Dame*, II, p. 171-226).
5. Le P. CAHIER, *Caractéristiques des saints*, p. 211-212. Voir aussi les *Mélanges d'archéologie*, du même auteur, I, p. 38-42.
6. É. MALE, *l'Art religieux du XIIIe siècle en France*, p. 310.
7. *Les Miracles de la sainte Vierge*, édition Poquet, planche en regard de la colonne 375.
8. *Sancti Gregorii Papae Dialogorum Liber I*, cap. IX (MIGNE, *P. L.*, LXXVII, col. 193-196).

coffre brisé et vide, se mit dans une violente colère et fit retentir la maison de récriminations.

L'évêque entra alors dans l'église de la bienheureuse Vierge Marie, et, étendant sur ses bras un pan de son manteau comme pour recevoir quelque chose, pria la Mère de Dieu de lui donner de quoi calmer le neveu mécontent. Ayant abaissé son regard sur son vêtement, il y vit douze pièces d'or merveilleusement brillantes. Il les remit à Constantius, en lui disant : « Voici la somme que tu réclames; mais sache bien qu'après moi tu ne seras pas évêque de cette église, en punition de ton avarice. »

■ ACHEVÉ·D'IMPRIMER ■
EN·LA·VILLE·DE·CHARTRES
SUR·LES·PRESSES·DE·LA
MAISON·LAINÉ·ET·TANTET
LE·XXIX·DÉCEMBRE·MCMXXVIII
EN·L'ANNÉE·DU·NEUVIÈME
CENTENAIRE·DE·LA·MORT
■ DE·SAINT·FULBERT ■

www.ingramcontent.com/pod-product-compliance
Ingram Content Group UK Ltd.
Pitfield, Milton Keynes, MK11 3LW, UK
UKHW022147260726
13993UKWH00005B/2200